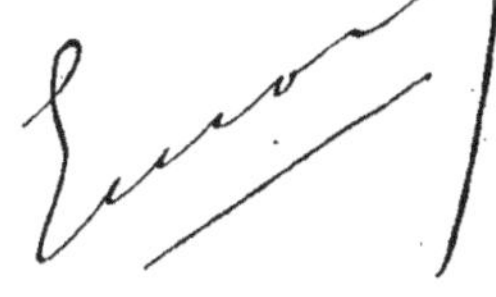

LE CHATEAU

DE

PUYSÉGUR

Extrait de la *Revue de Gascogne* Janvier 1908

Vue Est du Village de Puységur
(Canton de Fleurance GERS)

LE CHATEAU

DE

PUYSÉGUR

CANTON DE FLEURANCE " GERS "

PAR

L'Abbé J.-B. ESCARNOT

Ancien Curé de Puységur

ORNÉ DES VUES
DU VILLAGE ET DU CHATEAU DU PUYSÉGUR

AUCH

IMPRIMERIE CENTRALE, RUE DE BELFORT, 5

1908

Le château de Puységur

Plusieurs châteaux de la Gascogne ont déjà eu des historiens
pour retracer leur passé et des archéologues pour les décrire. Il
suffit de citer les noms de Philippe Lauzun et de Pierre Bénou-
ville (1) qui, tous deux, s'éprirent d'un beau zèle pour dessiner ou
écrire l'histoire des monuments féodaux, religieux, civils ou
militaires de cette province; mais ces érudits n'ont guère parlé
que des principaux édifices qui s'étalent çà et là, parfois en ma-
gnifiques ruines. On peut donc glaner après leur riche moisson
et à leurs savantes monographies peuvent s'ajouter des travaux
plus modestes. C'est à ce titre que nous offrons à nos compatriotes
une étude sur le château de Puységur, situé aujourd'hui dans le
canton de Fleurance, département du Gers, dans laquelle est
insérée la généalogie complète de la branche aînée de la famille
de Chastenet de Puységur.

I.

Si vous allez de Fleurance à Auch, quand vous aurez dépassé
le village de Montestruc, regardez à votre droite et, sur la hauteur,
vous apercevrez un groupe de maisons et un vieux castel, encore
d'imposante structure : c'est Puységur, berceau d'une grande et
noble famille, qui a donné au pays bien des hommes illustres et
de beaux exemples.

Placé sur le coteau qui domine la vallée du Gers, Puységur
(*Podium securum*, hauteur sûre), a toujours servi de défense au
pays d'alentour. A-t-il été un point stratégique des Romains ?
C'est probable, car on y a découvert récemment des urnes et des
pièces de Domitien (2), et non loin de là, passait la voie romaine
allant d'Auch à Lectoure. Quoi qu'il en soit, à l'époque féodale,
Puységur était une véritable forteresse : murs et fossés existaient
encore il y a un siècle; les vivants se rappellent d'en avoir vu les
traces, et rien qu'à considérer les vieux murs du château seigneu-

(1) Voy. *Rev. de Gascogne* t. XXXIII, p. 197.
(2) Avec 3 pièces de Domitien, on trouva au village, il y a peu d'années,
un squelette tenant une urne à chaque main.

rial, on y distingue facilement trois âges différents ; mais la première construction élevée en cet endroit, dut être certainement la grande tour carrée, car on voit qu'elle est, des deux tours, la plus ancienne, la primitive.

Lors de la formation des grands fiefs de la Gascogne, vers l'an 904, Puységur fut compris dans les terres qui composèrent le le comté de Fézensac (1). On sait que c'était le fief primitif de la maison comtale d'Armagnac, qui devint la plus riche et la plus puissante de l'Aquitaine. De tous les châteaux qu'elle possédait dans ses vastes domaines, ceux qu'elle habitait le plus souvent étaient le château de Lavardens et celui de Lectoure. Le château de Puységur était de moindre importance. Bernard VI, comte d'Armagnac, le donna, vers l'an 1300, à sa jeune épouse, au moment où il allait passer en Italie. Avant son départ, il fit son testament et laissa pour douaire à Cécile de Rodez, le château de Lavardens, Puységur, Roquelaure et la Bastide-de-Barran (2).

Au XIV⁰ siècle, la seigneurie de Puységur fut donnée à Bernard Maurin, dit Maurin de Biran. En effet, on trouve que Maurin de Biran, sénéchal d'Agenais, fils naturel de Jean Ier, comte d'Armagnac, fut apanagé, en 1360, de la coseigneurie d'Auch avec les terres de Roquefort, de Casteljaloux, de Puységur et autres (3).

En 1377, Maurin de Biran, seigneur de Puységur, assista, comme conseiller du comte d'Armagnac, au traité de paix conclu à Tarbes, entre les maisons de Foix et d'Armagnac (4). Son fils Jean avait épousé l'héritière de Goas et donné naissance à l'illustre maison des Lamothe-Goas ; mais il mourut jeune (1378), et l'on voit dans le *Livre vert* du chapitre d'Auch, que son père fonda un obit pour le repos de son âme (5).

En 1420, les Anglais étaient maîtres de notre pays, et Puységur était devenue terre anglaise depuis que Philippe le Bel avait donné le comté de Gaure à Edouard Ier, roi d'Angleterre (6). La

(1) *Hist. de la Gascogne* par l'abbé Monlezun, t. II, p. 438.

(2) *Idem*, t. III, p. 85.

(3) *Idem*, t. IV, p. 435. Jean Ier comte d'Armagnac, donna à M. de Biran la terre de Puységur, et Jean II ratifia cette donation en 1377, — Voyez aussi Bourdeau, *Manuel de géographie hist.* p. 123. Il renvoie à Lascarris dans la *Revue d'Aquitaine*.

(4) *Idem*, t. III, p. 453.

(5) *Revue de Gascogne*, t. XXXIX, p. 389.

(6) *Hist. de la Gascogne*, t. III. p. 43.

grande tour, placée à la limite des possessions ennemies, devait alors servir de forteresse. Si elle ne fut pas transformée à cette époque, elle le fut certainement en 1528, date à laquelle Nicolas de Castanet acquit la seigneurie de Puységur des curateurs de Jean de Biran de Verduzan (1).

D'où venait la famille de Castanet ? Elle venait de Lectoure; car, ayant à faire les preuves de sa noblesse par devant M. Dorieu, intendant de la généralité de Soissons, le titre le plus ancien que produisirent les descendants, fut le testament de noble Nicolas de Castanet, seigneur de Puységur, reçu par M⁰ Darbens, notaire de Lectoure, le 29 janvier 1548; et le jugement de M⁰ᵒ Dorieu fut confirmé, en 1697, par celui de Samson, intendant de la généralité de Montauban (2).

Par conséquent, Nicolas de Castanet est donc la tige de la famille *de Castanet*, plus tard *de Chastanet* et aujourd'hui *de Chastenet de Puységur* (3). C'était un marchand et un bourgeois de Lectoure, mais un homme de grande valeur (4). Il fut plusieurs fois consul de cette ville, notamment en 1513-14 et en 1523-24 (5). Dieu avait béni son commerce et il était devenu

(1) *Rev. de Gascogne.* t. XL. p. 468. — Par conséquent, c'est par erreur que M. le comte Robert de Puységur a avancé, dans sa *Notice généalogique sur la Maison de Chastenet de Puységur*, p. 13, que Nicolas de Chastenet devint seigneur de Puységur à la mort de son frère. D'autre part, même ouvrage, p. 12, il est dit que François de Chastenet (prétendu frère de Nicolas) épousa : 1° Françoise d'Etourneau et 2° Jeanne d'Escars, qui lui apporta la terre de Puységur. Il y a là trois erreurs évidentes : 1° François de Chastenet ne se maria qu'une fois. En effet, Françoise Etourneau est qualifiée sa « veuve », le 1ᵉʳ février 1544. (Voy. Beauchet-Filleau, *Dict. des familles du Poitou*, II, 137 et 301); 2° Jeanne d'Escars, ou mieux des Cars, épousa, par contrat du 31 déc. 1517, Jacques *de Chaste* et non François *de Chastenet*. (Voy. P. Anselme, II, 233, III, 838, et l'abbé Nadaud, *Nobil. du dioc. de Limoges*, I, 372); 3° La famille des Cars était seigneuresse de Puységur, au *dioc. de Montauban*, aujourd'hui dans le canton de Cadours (Hte-Garonne), et non de Puységur, aujourd'hui dans le canton de Fleurance (*Gers*). (Voy. l'abbé Galabert, *Monographie d'Aucamville*. Montauban, 1890, in-8°). Du reste, la seigneurie de Puységur, durant les XVIIᵉ et XVIIIᵉ siècles, ne cessa d'appartenir à la famille des Cars. (Voy. P. Anselme, II, 233).

(2) *Rev. de Gasc.*, t. XVII, p. 424 et 520. — Voy. aussi, à la Bibliothèque Nationale, le manuscrit français n° 32.297, fol. 644 et suivants.

(3) *Idem*, t. XVIII, p. 30.

(4) Dans les *Comptes consulaires* de Lectoure, années 1516-17, fol. 2 et suiv. et 1518-19, fol. 77, il est dit que le drap rouge et noir pour les robes des consuls, fut acheté chez Nicolas de Castanet, marchand de la ville.

(5) Arch. de Lectoure, DD. 2, fol. 109, 111, 112 et 129.

assez riche pour acheter le château et le domaine de Puységur (1). En lui, d'ailleurs, le sentiment chrétien était vif et
profond ; ce qui le prouve, c'est la devise si chrétienne qu'on lit
au frontispice de l'entrée triomphale du château seigneurial : SPES
MEA DEUS (*Mon espoir est en Dieu*). Si ce n'est lui qui la fit graver,
c'est lui, du moins, qui en inspira la pensée à ses enfants.

Nicolas de Castanet devint le père d'une grande et nombreuse
famille. On en retrouva la généalogie exacte au château de Puységur, et voici dans quelles circonstances : En 1890, M. Espiau,
instituteur de l'endroit, voulait écrire une monographie de cette
commune. Il cherchait donc des documents, quand il découvrit
un registre dans lequel on remarquait des écritures différentes :
c'était le registre des naissances au château de Puységur. Chaque seigneur y avait inscrit, tour à tour, le nom, la date de naissance et parfois les principaux faits et gestes de chacun de ses
enfants. Tel sera désormais notre principal guide, et l'on convien-
dra que nous ne pouvions en avoir de meilleur (2).

Le nom du père de Nicolas de Castanet nous est inconnu ; mais
le testament de ce dernier, conservé aux Archives Nationales,
nous apprend que sa mère se nommait « DOMENGE DE SAINCT-
LANA » et non *Dominique de la Lande*, comme le disent La Chenaye-Desbois et ses continuateurs (3). De son union avec Géraude

(1) Suivant un correspondant de la *Rev. de Gasc.* (t. XVII, pag. 421), la
famille de Chastenet ne serait noble que depuis Henri II (1547-1559). Quoi
qu'il en soit, en 1544, Nicolas de Castanet n'est pas encore qualifié *noble* :
« Sire Nicolas de Castanet, bourgeois de Lectoure, seigneur de Puységur. »
(*Incent. - sommaire des Arch. du Gers*, B. 1). Et M. de Courcelles nous enseigne (*Hist. des pairs de France*, t. I, p. 35) que la qualité de « sire »,
employée devant le prénom, a toujours caractérisé la roture. Enfin, il n'est
pas superflu de rappeler ici que la famille de Chastenet de Puységur n'a
jamais prouvé sa filiation et sa noblesse qu'à partir de 1548.

(2) Ce manuscrit ne remontant qu'à l'année 1558, notre travail eût été
incomplet, si M. Emile Marty, qui a recueilli sur la famille de Chastenet
de Puységur une foule de documents inédits, ne nous avait pas communi-
qué le testament de Nicolas de Castanet. C'est donc grâce à l'obligeance de
M. Marty, que nous pouvons donner la généalogie complète de la branche
aînée de la famille de Chastenet de Puységur.

(3) Le testament de *noble homme Nycolas de Castanet, seigneur de Puységur*, établit donc, d'une manière irréfutable, que la filiation donnée par La
Chenaye-Desbois et par ceux qui l'ont reproduite est inexacte, ou plutôt
qu'il y a eu interpolation de titres avec la famille de Chastenet, *en Limousin*, laquelle a donné, en effet, un Nicolas de Chastenet, qui eut pour mère
Dominique de la Lande de Machecoul. (Voy. BEAUCHET-FILLEAU, *Diction-
naire des familles du Poitou*, t. II, p. 137, 291 et 301). D'ailleurs, la *Rev. de
Gascogne* (t. XVIII, p. 39) a déjà dit que la généalogie de la famille de Chas-

« Foassin », Nicolas de Castanet eut plusieurs enfants, dont
quelques-uns moururent de son vivant et furent inhumés dans la
cathédrale de Lectoure, au tombeau de leurs ancêtres ; ceux
mentionnés dans son testament sont :

1. Joseph, qui fut héritier universel de son père ;
2. François, aîné, religieux dominicain à Lectoure ;
3. Bernard, sgr de Puységur à la mort de son frère aîné ;
4. Jean, aîné, chanoine de Lectoure ;
5. Anne, mariée : 1° à François Tappie, bourgeois ; 2° à M⁴ Jean Duluc,
contrôleur des tailles ;
6. Géraude, mariée à Pierre Roux, procureur général en la sénéchaussée
d'Armagnac ;
7. Jean, jeune (connu de nos devanciers) ;
8. François, jeune, mineur de 23 ans, ainsi que son frère Jean, le 29 janvier 1548 *(v. s.)*.

Nicolas de Castanet mourut probablement à Lectoure, entre le
5 août 1551 et le 6 mars suivant (1). Il avait stipulé dans son
testament qu'il voulait être enterré dans la cathédrale St-Gervais
de Lectoure, au devant l'autel de Marie-Madeleine, « *là où ses
prédécesseurs* (2) *et aucuns enfans ont esté ensépulturés* ».

A la mort de son père, Joseph de Castanet devint seigneur de
Puységur ; mais il mourut en 1591, sans laisser de postérité, et,
suivant les clauses de substitution, insérées dans le testament de
Nicolas de Castanet, la seigneurie de Puységur échut à son frère
Bernard.

Digne fils de son père, Bernard de Castanet se fit remarquer par
la pureté de sa vie et la grandeur de son caractère. Marié, le 30 août
1556, à noble demoiselle Marguerite de Pins, il vécut avec elle à la
façon d'un patriarche. Il faut dire que la famille était alors plus

tenet de Puységur, publiée dans le *Dict. de la Noblesse*, était « complète-
ment fausse jusqu'à Nicolas de Castanet, marchand et bourgeois de Lectoure, en 1530 ». Le lecteur qui désirerait vérifier l'assertion de la *Revue
de Gascogne*, n'aura qu'à consulter la *Généalogie de la maison de Faudoas*
(Montauban, 1724), p. 138, la *Généalogie de la Maison d'Armagnac de Castanet* par M. de COURCELLES *(Hist. des Pairs de France*, etc., t. I), le *Précis
hist. et généal. de la maison d'Armagnac de Castanet* par M. GLÜCK
(Cahors, 1850), l'ouvrage déjà cité de BEAUCHET-FILLEAU (Poitiers, 1891) et
les archives du grand séminaire d'Auch, documents nᵒˢ 6,508 et 16.049.

(1) Renseignement fourni par M. Marty.
(2) Cette mention confirme que la famille de Castanet était originaire de
Lectoure, et que c'est bien à tort que La Chenaye-Desbois fait descendre
Nicolas *de Castanet* de la famille *de Chastenet*, établie en Limousin.

simple et plus mortifiée qu'aujourd'hui, et l'esprit chrétien n'était pas emporté par l'esprit de jouissance. Aussi, devoir et conscience étaient la règle invariable des nobles châtelains. C'est pourquoi Dieu leur donna plus que la rosée du ciel et la graisse de la terre ; ils reçurent une belle couronne de 13 enfants :

1. Anne, née le 25 juillet 1558, morte jeune ;

2. Anne, née le 20 août 1559, mariée à messire de Montauriol ;

3. Catherine, née le 20 mars 1561, mariée à noble Rénier, seigneur de la Robertie ;

4. Joseph, né le 7 octobre 1562, mort jeune ;

5. Jean, né le 23 novembre 1563, qui hérita de Puységur ;

6. Louise, née le 27 février 1565, mariée à noble de Caillau, trésorier de France ;

7. Hérard, né le 28 mai 1566, seigneur de Barrast, conseiller au parlement de Toulouse, auteur de la branche des *Comtes de Puységur, seigneurs de Barrast*, établie en Albigeois ;

8. Nicolas, né le 21 mai 1568, mort au berceau ;

9. Pierre, né le 5 janvier 1570, mort à Lectoure le 4 décembre 1642, auteur de la branche des *Barons de Puységur, seigneurs de la Coupette* ;

10. *(Illisible)*, né le 27 mars 1574, mort jeune ;

11. Françoise, née le 6 septembre 1575, mariée à noble de Garros, lieutenant principal en la sénéchaussée d'Armagnac ;

12. Marguerite, née le 7 mai 1579, qui épousa noble de Pérès, lieutenant particulier en la même sénéchaussée ;

13. Marie, née le 12 juin 1583, religieuse au couvent de Prouillon-lès-Condom.

Bernard de Castanet mourut en 1600, et son fils Jean lui succéda à Puységur. Jean de Castanet fut aussi grand chrétien que son père et Dieu lui accorda pour épouse une femme au cœur vaillant et de vertu solide : ce fut Madeleine d'Espagne-Ramefort. Jamais union plus pleine d'honneur et de gloire. Les deux époux comprirent combien il y a de la dignité et de la grandeur à se mettre à la tête d'une famille et à remplir l'ordre établi par Dieu sur la terre. Aujourd'hui, hélas ! en France, la vanité a envahi les familles et les époux regardent comme un fléau d'avoir de nombreux enfants. Au contraire, Jean et Madeleine le tenaient à honneur et le considéraient comme une bénédiction du Ciel ; et pour eux cette bénédiction fut grande, puisque Dieu leur donna 18 enfants :

1. Charlotte, née le 7 juillet 1591, mariée à noble de Macompuy ;

2. Marguerite, née le 24 juin 1593, qui se fit religieuse ;

3. Jean, né le 25 juin 1594, héritier de Puységur ;

4. Catherine, née en 1595, morte jeune ;

5. Pierre, né le 4 juillet 1596, qui devint capitaine au régiment d'Agenais et mourut le 16 mai 1646 ;

6. Paule, née le 20 juillet 1597, qui se fit religieuse ;

7. Hérard, né le 26 décembre 1598, mort au berceau ;

8. Joseph, né le 23 décembre 1599, qui s'établit à Lectoure et mourut à Langon, le 7 septembre 1665 ;

9. Jacques, né le 12 décembre 1600, auteur de la branche des *Marquis de Puységur, vicomtes de Buzancy*. Il porta les armes pendant 43 ans et se trouva à plus de 120 sièges, à plus de 30 combats, batailles ou rencontres, sans avoir été malade ni avoir reçu aucune blessure. Il a laissé des *Mémoires* très estimés, qui vont de 1617 à 1658 (1). Son fils, Jacques-François (1655-1743) devint maréchal de France et son portrait figure à la mairie d'Auch, dans la galerie des hommes illustres (2) ;

10. Nicolas, né le 17 décembre 1601, mort à l'âge de 2 ans ;

11. Marie, née le 4 mars 1603, qui se fit religieuse ;

12. Joseph, né le 11 février 1604 ; il devint capitaine d'une compagnie au régiment de Piémont, se maria à Malte et fut tué à St-Venant, en Artois, le 24 août 1639, dans une charge contre l'ennemi ;

13. Jeanne, née le 10 février 1605, qui se fit religieuse ;

14. Paule, née le 15 mai 1606, qui entra aussi en religion ;

15. Jean-Pierre, né le 27 septembre 1607 ; il entra comme enseigne dans la compagnie de M. du Bourg, au régiment de Normandie, et fut tué au siège de (*illisible*), en 1628 ;

16. Catherine, née le 2 mai 1609, qui se maria ;

17. Nicolas, né le 3 juin 1611, mort jeune ;

18. Ursule, née en 1612, morte en bas-âge ;

(1) Il existe plusieurs éditions de ses *Mémoires*. La dernière remonte à 1883 : *Les guerres du règne de Louis XIII et de la minorité de Louis XIV. Mémoires de Jacques de Chastenet, seigneur de Puységur, publiés et annotés par Ph. Tamizey de Larroque*. Paris, librairie de la Société bibliographique. 1883 ; 2 vol., in-12, de XIII-300 et 288 p. — Sur le titre des premières éditions, Jacques de Chastenet y est qualifié *seigneur de Puységur et lieutenant-général* ; M. Tamizey de Larroque, à son tour, le qualifie *seigneur de Puységur*. Or, Jacques de Chastenet ne fut jamais seigneur de Puységur ni lieutenant-général. Durant sa vie, ce furent successivement son père, son frère et son neveu, qui possédèrent la seigneurie de Puységur. D'autre part, il ne fait aucune allusion, dans ses *Mémoires*, à son élévation au grade de lieutenant-général, et dans l'arrêt de maintenue de noblesse, en 1667, il n'a que la qualité de *maréchal-de-camp*, et on ne le trouve compris dans aucune des promotions de lieutenants-généraux faites depuis lors. On voit, au contraire, dans les *Etats militaires* du temps, qu'à la date de sa mort, il figurait encore sur la liste des maréchaux-de-camp. (Voy. Pinard *Chronologie hist. milit.* — De Courcelles, *Dict. hist. des généraux français*. t. IV. — Et Tamizey de Larroque, ouvrage cité, t. I. p. VII.)

(2) Le maréchal de Puységur étant né à Paris, on s'explique difficilement pourquoi son portrait se trouve à la mairie d'Auch. Il serait plus logique que cette galerie possédât celui de son père, qui naquit au château de Puységur.

Dans ce quart de siècle (1590-1613), quelle vie incomparable dans ce château de Puységur ! S'il y avait parfois disette de biens matériels, — des lettres de l'époque en témoignent, — il y avait abondance d'honneur et de vertu, ce qui est plus glorieux et méritoire. Madeleine d'Espagne, épouse chrétienne, était bien, selon nos *Saints-Livres*, la vigne chargée de fruits. De ses nombreux enfants, Dieu prit les uns pour en faire des anges et lui laissa les autres pour être l'ornement de sa maison et la gloire de la France. Ah ! que cela valait mieux que le luxe ruineux de nos habitations modernes, où la vie est froide et le foyer si désert.

De son côté, Jean de Chastanet se faisait aimer de tout le monde : Les transactions qu'il passa, revêtent toutes le caractère d'un père qui traite avec ses enfants, et l'on voit que rien ne coûtait au seigneur de Puységur lorsqu'il s'agissait du bien-être des habitants.

Le père de cette famille, si noble et si belle, mourut en 1612 ; il avait à peine 49 ans. Son héritier et successeur à Puységur fut Jean de Chastanet, le troisième de ses enfants. Ce dernier avait embrassé la carrière militaire ; mais, à la mort de son père, il rentra à Puységur et prit en mains l'administration de ses terres ; toutefois, le métier des armes ne cessa point d'avoir ses préférences. Il devint gentilhomme ordinaire de la chambre du roi ; fut nommé, à peine âgé de 28 ans, vice-sénéchal d'Armagnac ; et, en 1626, le duc d'Epernon, gouverneur de la *Haute-Guyenne*, le chargea de dresser un état des places-fortes de cette province (1). Alors lui écrivit souvent un familier du château de Cadillac, où habitait le duc d'Epernon : c'était Jean de Montferrand, vicomte de Foncaude. Rien de plus délicat et de chaud comme ces lettres, que retrouva, au château de Puységur, M. l'abbé de Carsalade du Pont (2).

Jean de Chastanet avait épousé damoiselle Marie de Cère, fille de Jean Cère, bourgeois de Lectoure, et de Françoise *de Bordis* (3), et Dieu lui fit goûter avec elle non seulement les joies, mais aussi les dures épreuves de la famille ; ils eurent 8 enfants et la plupart moururent en bas-âge :

(1) Voy. *Revue de Gascogne*, t. XL, p. 453 et suivantes.
(2) *Idem* t. XXXII, p. 136.
(3) *Inventaire-sommaire des Arch. du Gers*, E. 197.

1. Jean-Hérard, né le 10 mai 1615; il partit pour l'armée à 15 ans, et alla en Italie, où il contracta la maladie qui l'emporta, à son retour, le 13 novembre 1630 ;

2. *(Illisible)*, née le 19 novembre 1616, religieuse au couvent de Sainte-Ursule, à Auch, où elle mourut en 1634 ;

3. Mathias, né le 24 février 1618;

4. Jeanne, née le 25 avril 1619, morte jeune ;

5. Jean, né le 25 mars 1620, mort en bas-âge;

6. Antoine, né le 2 juin 1622. Il embrassa la carrière militaire, devint major au régiment de Piémont et mourut au service du roi, en mai 1649. Il fut enterré au Mans, dans l'église des Cordeliers;

7. Bernard, né le 9 décembre 1627;

8. Jacques, né le 29 juin 1629, mort à l'âge de 6 ans.

Ayant perdu plusieurs de ses enfants ainsi que sa femme, Jean de Chastanet contracta une nouvelle union, le 24 juillet 1631, avec Gabrielle de Tersac de Montberaud, veuve de Bernard Dupin, seigneur de la Matère (1), qui lui donna un fils, Jean-Louis, né le 14 avril 1632.

Ce qui nous prouve la grande piété de Jean de Chastanet et de Gabrielle de Tersac, c'est la fondation qu'ils firent, le 15 août 1655, d'une lampe devant l'autel de la Vierge, en la chapelle où sont établies les confréries du Saint-Rosaire et du Mont-Carmel, dans l'église Saint-Etienne de Puységur, en reconnaissance des grâces qu'ils avaient reçues de la divine Providence, par l'intercession de la glorieuse Vierge-Marie, et désirant vouer de nouveau à sa protection leurs personnes et celles de messire Jean-Louis de Chastanet, seigneur de Lagrange-Poységu, leur fils, et dame Louise d'Aignan, sa femme, ainsi que de leurs héritiers, des habitants du lieu, de leurs tenanciers et emphytéotes. Le même jour, ils firent donation d'une somme de 300 livres, « offerte à ladicte Saincte Vierge, en cent louis blancs, à l'offertoire de la messe parochielle, cellébrée par Me Pierre Seignan, vicaire dudict lieu, pour icelle somme estre employée à faire bruller ladicte lampe à perpétuité, jour et nuict, garnye de mesche de coton et d'huille d'holive peur et nect » (2).

(1) C'est à tort que La Chenaye-Desbois et ses continuateurs ont fait de ce Jean de Chastanet deux personnages distincts, sous les noms de Jean VI et Jean VII. En effet, Jean VI s'étant marié en 1614 et Jean VII en 1631, ce dernier aurait contracté mariage à l'âge de 16 ans et quelques mois tout au plus. Or, il y a là une impossibilité absolue; en outre, il aurait encore épousé une veuve, ce qui est invraisemblable à cet âge.

(2) Archives du Gers, E. 200. Minutes de Me Jean Délas, not. à Puységur, (Communication de M. Emile Marty.)

Cette école de la piété servit à leur fils Jean-Louis de Chastanet, qui y puisa la vertu qui le fit marcher droit dans le chemin de la vie. Dieu le bénit, et de son alliance avec noble Louise d'Aignan, contractée le 8 août 1655, naquirent 12 enfants :

1. Gabrielle, née le 1er mai 1656, qui se fit religieuse ;
2. Jean-Alexandre, né le 27 juillet 1657, mort jeune ;
3. Claire, née le 2 décembre 1658 ;
4. Jean-Jacques, né le 1er février 1660 ;
5. Catherine, née le 13 février 1661 ;
6. Louis, né le 21 juin 1663 ; il fut l'héritier de Puységur ;
7. Françoise-Marguerite, née le 4 septembre 1664 ;
8. Gabrielle, née le 8 novembre 1665 ;
9. Jeanne, née le 24 avril 1667 ; elle se fit religieuse ;
10. Guillaume, né le 6 septembre 1668 ;
11. Marie, née le 27 février 1670 ;
12. Perrette, née le 20 avril 1671.

Après les cinq générations que nous venons d'énumérer, et en les voyant si nombreuses, on ne peut s'étonner de trouver la noble famille de Chastenet de Puységur grandement multipliée, et de voir plusieurs branches, détachées du tronc, former d'autres souches soit à Buzancy, près de Soissons, soit à Bernonville près de Guyse, soit à Beugny, près de Tours, soit à Rabastens en Albigeois (1). Toutes ces branches ont donné à la France de grands personnages, comme des conseillers et chambellans du roi, des maréchaux de camp, des grands sénéchaux, un archevêque de Bourges, plusieurs chevaliers, des littérateurs, etc.

Mais à Puységur, après la mort de Jean-Louis de Chastanet, la vie se fit rare à ce foyer si bruyant naguère ; on put croire que la source était épuisée ; il n'y eut plus d'héritier du nom et des vertus d'une famille si riche en fleurs et en fruits. Etait-ce Dieu qui retirait sa bénédiction ? Etait-ce l'homme qui n'accomplissait pas sa mission ? Mystère ! Dieu n'accorde pas toujours aux siens une nombreuse famille : Abraham n'eut qu'un fils de Sara, et Rébecca ne donna que deux fils à Isaac. Mais, devant Dieu, l'homme est-il toujours innocent ?

(1) En 1634, nous trouvons noble Gilles de Puységur et Louise de Beaumont, seigneur et dame de Larée en Armagnac. Près de Castelnau-d'Auzan, il y a Pouychégu, propriété appartenant à la famille Malaurens par les femmes, descendant des Puységur. Noble de Caillau, marié à Louise de Chastenet de Puységur.

Quoi qu'il en soit, Louis de Chastanet, successeur à Puységur de Jean-Louis, son père, avait 25 ans, quand il épousa, le 20 octobre 1688, Marguerite de Roquette, qui ne lui donna qu'une fille, Anne-Thérèse; et le père l'attendit longtemps; il avait près de 40 ans quand il l'obtint du Ciel. Aussi, rien ne fut négligé pour l'héritière d'un grand nom et d'une grande fortune; soins du corps et soins de l'âme, instruction et éducation chrétienne; tout fut prodigué à Anne-Thérèse. Devenue grande et adulte, ses qualités et sa haute situation sociale lui attirèrent force prétendants; mais, entre tous, fut choisi messire Gilles-Gervais de La Roche-Loumaigne, marquis de Gensac. Il habitait, près de Montauban, un château nommé « Le Claux » ou « château de Gensac ». Le mariage fut béni dans l'église de Puységur, le 12 août 1717; les registres en font foi.

Nous sommes heureux de pouvoir reproduire ici, grâce à la bienveillance de M. Marty, la lettre suivante, adressée à l'occasion de ce mariage par Madame de Lupielle à son frère, M. de Puységur (1) :

« Je suis ravie, mon très cher frère, de te savoir de retour du Clos. Je suis persuadée que tu as eu beaucoup de peine de te séparé de la fille. Tu dois te tranquiliser. Tu l'as mise dans une bonne maison et avec un très parfaict honnest homme ; ma chère nièce ne peut estre que fort heureuse et fort contente. Etc. »

« De Poycégu de Lupielle. »

« A Auch, ce 22 aoust 1717. »

Après leur mariage, les époux allèrent donc habiter le château de Gensac, plus important à cette époque que celui de Puységur. La vie sembla d'abord leur sourire et reprendre son glorieux cours; ils eurent sept enfants, mais la mort vint les faucher de bonne heure et les enlever tour à tour :

1. Louis, né le 9 mai 1719 ; il vendit la terre de Preignan pour acheter la charge de colonel du régiment de Ségur. Il mourut à 26 ans ;

2. Henri-Louis-Gervais, né le 8 septembre 1720 ; il devint capitaine au régiment de Beaucaire, à Huningue ; il mourut jeune ;

3. Anne-Thérèse, née le 24 mars 1723 ;

4. Jean-Antoine, né le 8 octobre 1724 ; il entra dans les ordres et est connu sous le nom de *l'abbé de Gensac*;

---

(1) Archives du Gers, *Fonds Puységur*.

5. Jacques, né le 4 janvier 1728 ; son parrain fut le maréchal de Puységur;

6. Paul-Emmanuel, né le 13 septembre 1729 ; il vécut seulement 35 ans, ne laissant qu'une fille, Anne-Thérèse-Joseph, héritière de Puységur;

7. Marie-Thérèse, née le 13 décembre 1730.

Messire Gilles de La Roche, marquis de Gensac, mourut en 1732 ; plusieurs de ses enfants l'avaient déjà précédé dans la tombe et d'autres ne tardèrent pas à l'y suivre. Affligée de tant de deuils, la marquise de-Gensac prit en aversion le château du Claux et revint habiter celui de Puységur. Elle y reçut de ses amis une foule de lettres de consolation, très belles et très touchantes (1). C'est à cette époque que fut transformé le château de Puységur : les restaurations portent la date de 1735. La description du château va nous donner une idée de leur importance.

II

Dominant la vallée du Gers, le château de Puységur est placé à l'extrémité d'une colline naturellement fortifiée, au levant et au nord, par des pentes abruptes ; le village le couvre au midi, et une descente à pic protège le village. L'entrée du château est au couchant, magnifiquement encadrée par les granges, l'orangerie, l'église et une belle pelouse. On avait la voie romaine à 2 kilomètres en deçà de Clarac. Un gigantesque portail, soutenu par de gros piliers, s'ouvre sur une vaste cour carrée, d'environ 200 mètres de côté. A droite, se trouvaient les remises, dont il ne reste que les murs ; vous lisez sur les piliers le chiffre « 1735 » ; c'est la date de leur construction. A la suite des remises, sont les écuries, encore bien conservées, quoique anciennes ; d'autres décharges, basses et en voûte, font face aux remises.

Quand vous êtes entré dans la grande cour, tournez le dos au midi et regardez au nord : Vous avez en face les deux tours du château ; la grande et haute tour carrée, à gauche, la plus solide et aussi la plus ancienne ; l'autre, à droite, plus petite et bien maltraitée par le temps.

De la grande cour, vous passez par la porte d'honneur : elle est entre deux belles colonnes d'ordre toscan ; considérez l'entable-

(1) Ces lettres existaient encore au château de Puységur en 1890 ; elles doivent se trouver aujourd'hui aux Archives départementales du Gers, *Fonds Puységur.*

Vue Est du Château de Puységur

ment qui est au-dessus ; vous y lisez, en lettres bien gravées : SPES MEA DEUS (*Dieu est mon unique espoir*). En entrant, vous vous trouverez dans une autre cour, plus petite que la première : c'est la cour d'honneur. Elle est pavée de gros cailloux et contient un puits très profond, bâti de briques. Pour visiter le corps du logis, vous avez deux entrées : l'une à votre droite, l'autre à votre gauche ; à droite, vous avez le type moderne ; à gauche, vous avez le cachet féodal : pièces vastes, ouvertures petites, meurtrières et mâchicoulis, murs d'une grande épaisseur.

Commençons notre visite par la gauche, c'est-à-dire par la grande tour carrée. Elle a trois étages : Au rez-de-chaussée, deux pièces obscures, probablement cave et bûcher. Montez l'escalier d'honneur ; au premier étage, vous trouvez les prisons ; au second étage, vous avez quatre pièces d'un grand intérêt : on y retrouve les grandes cheminées de pierre avec colonnes et chapiteaux ; les murs sont couverts de peintures, les poutres sont en saillie ainsi que les poutrelles, équarries à la hâche ; elles sont ornées de volutes, entrecoupées de médaillons aux gracieux paysages. Ces diverses chambres étaient d'abord dépendantes l'une de l'autre ; mais, plus tard, on les rendit indépendantes par la construction de galeries et de vestibules immenses. Cette construction est en ruines au troisième étage : on ne peut plus y pénétrer. Il n'y avait d'ailleurs de remarquable que la façon des portes, munies de heurtoirs.

Si de la cour d'honneur vous tournez à droite, vous entrez dans la partie moderne du château. Elle date certainement de 1735. Il n'y a que deux étages ; mais, au levant, l'habitation présente une magnifique façade avec deux rangs de hautes et larges croisées ; sept en haut, six en bas, et, au milieu, un beau portail, d'où le coup d'œil sur le Gers est incomparable.

Au rez-de-chaussée, dans le vestibule, se trouve l'escalier de service et, par côté, vous avez trois vastes chambres, suivies de quatre petites ; plusieurs de ces chambres ont des lambris, et des plâtres en relief encadrent les cheminées.

Au premier, c'est comme au rez-de-chaussée ; répétition des mêmes chambres, grandes et petites.

Le château de Puységur, aujourd'hui si délabré, fut restauré à neuf en 1735. C'est alors que la marquise de Gensac, jeune encore, revint l'habiter avec les débris de sa famille. L'enfant qui devait continuer sa race, Paul-Emmanuel de La Roche Gensac, reçut une instruction solide ; c'était de tradition dans la famille. Les Chastenet de Puységur ont toujours donné des preuves de leur application à la culture de l'intelligence et aux travaux de l'esprit. Quant il fut en âge de se marier, le jeune marquis de Gensac épousa noble demoiselle de Grammont ; mais son mariage fut à peu près stérile comme celui de son grand-père maternel. Une seule fille en naquit : Anne-Thérèse-Joseph de la Roche-Gensac. D'ailleurs, le père mourut en 1764, ayant à peine 35 ans ; il était grand'croix de l'ordre de Malte.

La mort frappait donc à coups redoublés sur la maison de Puységur. Les enfants de la marquise de Gensac s'en allaient l'un après l'autre ; restait seulement Anne-Thérèse-Joseph de la Roche-Gensac. Cette enfant était très jeune à la mort de son père, et il fallut peut-être, pour la faire vivre, entourer sa santé de soins minutieux ; ce qui put faire tort à son éducation morale. Il semble qu'à 16 ans, Anne-Thérèse avait l'âme fière ; c'était dans tous les cas une riche héritière ; sa noble naissance et les exploits de ses ancêtres étaient trop connus, pour que sa main ne fût pas recherchée des plus grands seigneurs du royaume. Elle fut accordée au comte Louis-Adélaïde-Anne-Joseph de Montmorency-Laval, qui descendait d'une des plus anciennes familles de France ; mais si cette alliance flatta l'amour-propre des deux familles, elle n'en fit pas le bonhéur. Le mariage eut lieu en 1772 ou 1773 ; et, est-ce trop de fierté chez la jeune fille et pas assez de religion chez le jeune homme, on dit qu'un vulgaire motif (1) brouilla les deux époux le soir même des noces, au point de se quitter de suite pour ne plus se revoir. Les actes anciens qui les concernent affirment qu'ils étaient séparés de corps et de biens.

Le mal du temps avait-il envahi le château de Puységur (2) ? Quoi qu'il en soit, ce scandale montre qu'il n'y avait guère de principes religieux. Attirée par des parents à Paris, la comtesse de Montmorency-Laval confia le soin de son domaine à Alexandre

(1) Le comte avait un faux râtelier et n'en avait rien dit avant le mariage. Lorsque le soir des noces la jeune épouse s'en aperçut, elle entra dans une telle colère, que son mari boucla de suite ses malles et disparut pour toujours.

(2) Il est sûr que plusieurs membres de la famille de Puységur adoptèrent les principes et les maximes de la Révolution.

Révolat (1) et alla s'établir dans la capitale. Y était-elle aux jours de la Terreur ? C'est probable. Elle vit alors ce que devient un peuple sans religion, et peut-être ce spectacle lui ouvrit-il les yeux. Bref, elle devint si charitable, que le pays n'a gardé que le souvenir de sa charité. Elle partagea ses biens aux pauvres, à ses serviteurs et à ses métayers infirmes, laissant à tous des rentes ; mais les héritiers attaquèrent son testament et en firent modifier les dispositions. La comtesse de Montmorency-Laval mourut à Paris en 1824, et le tribunal de la Seine fit vendre tous ses biens l'année suivante.

Que devint le château de Puységur ? Il fut racheté par une des nombreuses branches de la famille de Chastenet, établie depuis longtemps près de Tours. Cette branche habitait le château de Beugny, dans la commune de St-Benoît (*Indre-et-Loire*). Elle était représentée à ce moment par Anne-Jacques-Ladislas de Chastenet, comte de Puységur. C'est lui qui voulut racheter le château de Puységur, berceau de sa famille. A mille sept cents hectares de terre qu'il possédait à Beugny, il ajoutait le domaine de Puységur, composé de quinze métairies : cinq dans Préchac (2), trois dans Preignan (3) et sept dans Puységur (4). On vendit le mobilier aux enchères ; mais si l'on croit qu'il était de grande valeur, on se trompe. Le luxe actuel ne remonte guère au-delà de 1840 et le besoin d'un confortable n'avait pas encore envahi nos maisons. Aussi, à Puységur, les étoffes et les tentures avaient seules quelque valeur.

D'ailleurs, le château n'était plus habité depuis longtemps que par un chargé d'affaires, et le comte Ladislas de Chastenet n'y

(1) Originaire du Dauphiné, la famille Révolat était déjà au service du seigneur de Puységur en 1700.

(2) Poulozic, Labourdette, Perron, Lalugarde et Bordevieille.

(3) Château-Lanusse, moulin et métairie de Preignan et Larmant.

(4) L'Houme, le Husté, le Tuco, Maître Vidal, Capdebosc, Lamaroy et Haouquet. — D'après le cadastre de Puységur de l'année 1608, les biens nobles du seigneur de Puységur consistaient en : Un château avec basse-cour, écuries et fossés, contenant 3 quarts de carterade (15 ares 60 cent.); terres au camp deu Cailhaua, au camp deu Pesqué, au Clauzet, à la Rivière, etc.; un moulin sur le ruisseau de Mardan ; vignes à la Hontète, au Padouenc, à la Plante de Barthasar, etc. ; métairies du Husté, deu cap deu Bosq et de Hauquet. Contenance totale des biens nobles tenus par le seigneur : 745 carterades, soit 154 hect. 96 ares, (Archives du Gers. E. 279. — Communication de M. E. Marty).

venait qu'à de rares intervalles et toujours en passant. Il avait épousé Pauline de Charitte, qui lui donna sept enfants :

1. Jacques-Marie-René qui, marié deux fois, n'eut d'enfant d'aucune de ses deux femmes. A la mort de son père, il eut en partage le château de Puységur et mourut au château de Beugny, le 3 février 1895 ;

2. Marie-Pauline-Elisabeth, mariée à Alexandre de Crespin, vicomte de Billy ;

3. Antoinette-Charlotte-Apollonie, qui épousa Faustin Thibaut de la Carte, marquis de la Ferté-Sénectère ;

4. Marguerite, mariée au comte de Martel ;

5. Xavier-Armand ;

6. Jacques-Léopold ;

7. Jacques-Philippe-Auguste.

Le comte Ladislas de Chastenet de Puységur mourut en 1860, laissant ses biens à tous ses enfants. Jacques-Marie René, l'aîné de la famille, eut pour sa part le château de Beugny et celui de Puységur avec la métairie de Loume et la Grande prairie ; ses frères et sœurs se partagèrent les autres métairies, et elles furent mises en vente.

Dès ce moment le vieux château de Puységur déclina rapidement. Personne ne s'en occupait; ni le maître qui était loin et y paraissait à peine tous les 20 ans (1); ni le surveillant qui y résidait toujours. En 1868, nous l'avons vu habité par la famille Carrère qui n'y faisait rien, parce qu'il y avait trop à faire. Ce qu'était le château de Puységur 5 ans avant la mort du dernier propriétaire, M. l'abbé de Carsalade du Pont, aujourd'hui évêque de Perpignan, va nous le dire; c'était en novembre 1890 : « A Puységur, ni portes, ni fenêtres, des plafonds et des planchers crevés, des pans de murs écroulés, des ronces, des herbes envahissantes, tout un peuple d'oiseaux de proie, chasseurs de jour et de nuit; en un mot, le spectacle d'une maison qui est en train de crouler et à laquelle le temps n'a pas encore donné le charme et le pittoresque d'une ruine achevée.

Mais sur ce triste château planaient de grands souvenirs, et dans ces vastes salles délabrées, avaient vécu d'illustres personnages, de vaillants capitaines, de nobles dames, des familiers de mes études, dont les noms m'étaient connus et dont le souvenir

---

(1) Sa dernière visite eut lieu en 1875. A cette occasion, il fit don d'un beau lustre à l'église.

m'attirait. J'entrais avec eux dans ces ruines, et ce qu'ils me disaient, ces chers disparus, m'absorbait tellement, que je n'entendais point gémir sous mes pas les escaliers rompus et les poutres branlantes. Que m'importait le danger ? Je voulais voir et savoir. J'allais et venais des souterrains aux combles, cherchant si dans cet abandon général, il ne restait point quelque trace du glorieux passé que j'évoquais.

Quelle heureuse surprise ! Dans une chambre moins misérable que les autres, ouverte cependant à tous les vents, je découvris dans un coin un amoncellement de vieux papiers : toutes les archives de Puységur ! Il avait plu la veille, il avait plu l'automne, l'été et le printemps passé, et depuis des années il pleuvait sur cette vénérable montagne de parchemins et de papiers. Vous devinez dans quel piteux état se trouvaient ces pauvres archives. Hélas ! il n'y avait pas que les vieux murs qui s'en allaient en ruines (1) ».

Le marquis René de Puységur mourut le 3 février 1895, veuf et sans enfants, et ses héritiers firent vendre à l'enchère le château de Puységur, l'année suivante (juin 1896). Il resta à la famille Révolat, dont les ancêtres en avaient été longtemps les régisseurs. Depuis, le vieux château a été quelque peu réparé : Puisse-t-il revoir ses beaux jours avec la famille Révolat et leur chère enfant d'adoption ! ! !

---

(1) Voy. *Rev. de Gascogne*, t. xxxii, p. 136. — Ce jour-là, M. de Carsalade du Pont, alors secrétaire de l'archevêché d'Auch, emporta chez lui, avec l'autorisation du marquis René de Puységur, toutes les archives du château. Et lorsqu'il fut nommé évêque de Perpignan, Monseigneur de Carsalade légua tous ces documents aux archives départementales du Gers, où ils constituent aujourd'hui le *Fonds Puységur*.

www.ingramcontent.com/pod-product-compliance
Lightning Source LLC
Chambersburg PA
CBHW051155050726
47594CB00007B/2902